Aquarelles & Dessins

DE

MAURICE LELOIR

CONDITIONS DE LA VENTE

Elle sera faite au comptant.

Les acquéreurs paieront cinq pour cent en sus des enchères.

CATALOGUE

DES

Aquarelles & Dessins

DE

MAURICE LELOIR

AYANT SERVI A ILLUSTRER L'OUVRAGE

DE

MANON LESCAUT

DONT LA VENTE AUX ENCHÈRES PUBLIQUES AURA LIEU

HOTEL DROUOT, SALLE N° 3

Le Lundi 8 Décembre 1890, à 2 heures 1/2

EXPOSITIONS

Particulière : le Samedi 6 Décembre 1890.

Publique : le Dimanche 7 Décembre 1890.

DE UNE HEURE A CINQ HEURES ET DEMIE

COMMISSAIRE-PRISEUR :
Mᵉ LÉON TUAL
56, Rue de la Victoire, 56

EXPERT :
M. EUG. FÉRAL, peintre
54, Rue du Faubourg-Montmartre, 54

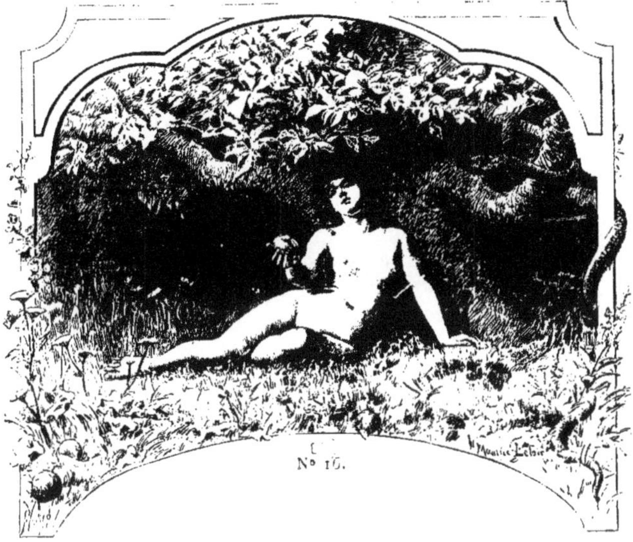

Aquarelles

1. *La Chaîne.*

L'abbé Prévost rencontre Des Grieux dans une hôtellerie de Passy; il voit Manon, qui fait partie d'une chaîne que des archers dirigent sur le Havre.

2. *Première rencontre.*

Manon Lescaut arrive à Amiens par le coche d'Arras. — Des Grieux va à sa rencontre et lui declare ses sentiments.

3. *Le Parloir du Séminaire.*

Manon Lescaut vient au parloir de Saint-Sulpice et s'entretient avec Des Grieux; elle lui déclare qu'elle ne peut vivre sans son amour.

4. *Manon et son frère.*

En l'absence de Des Grieux, Lescaut garde-du-corps, frère de Manon Lescaut, vient accabler sa sœur d'injures et de reproches.

5. *Le Vol.*

Manon Lescaut et Des Grieux s'aperçoivent qu'ils ont été dévalisés pendant qu'ils étaient à la Comédie.

6. *Chez M. de G.-M.*

Présentation de Des Grieux à M. de G.-M. par Lescaut et Manon, qui le font passer pour leur jeune frère.

7. *L'Évasion de Saint-Lazare.*

Des Grieux s'échappe de Saint-Lazare en tirant un coup de pistolet sur le portier et en se faisant ouvrir la porte par le Père Directeur.

8. *Visite à l'hôpital.*

Des Grieux pénètre dans la cellule de Manon Lescaut par l'intermédiaire de M. de T.

9. *Le Miroir.*

Manon Lescaut, courtisée par un prince italien très laid, lui présente un miroir, et, lui montrant Des Grieux : « Faites la comparaison », lui dit-elle!

10. *L'Arrestation.*

Arrestation de Des Grieux et de Manon Lescaut, au moment où ils vont se mettre au lit dans l'hôtel du jeune M. de G.-M.

11. *Sur la route du Havre.*

Des Grieux, déterminé à suivre Manon Lescaut, obtient des archers l'autorisation de lui tenir compagnie.

12. *Sur le vaisseau.*

Manon Lescaut et Des Grieux obtiennent du capitaine un lieu à part sur le vaisseau.

13. *L'Ensevelissement.*

Des Grieux, après avoir creusé la fosse avec ses mains et le tronçon de son épée, ensevelit Manon en la recouvrant de son habit.

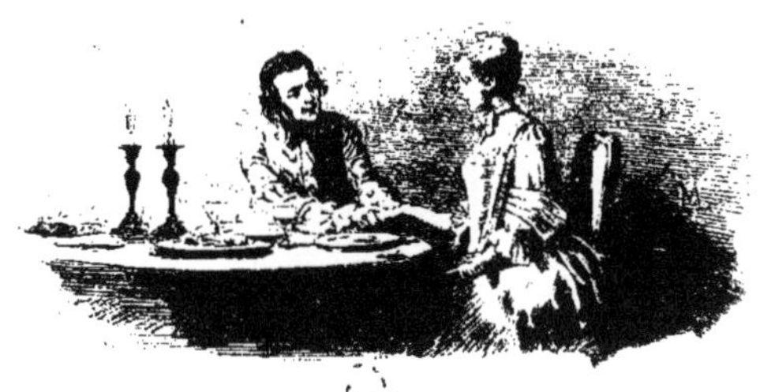

No 31.

Dessins

14. L'Amour rend ses armes à Manon, couronnée par Vénus et portée par Mercure.

15. Manon Lescaut.

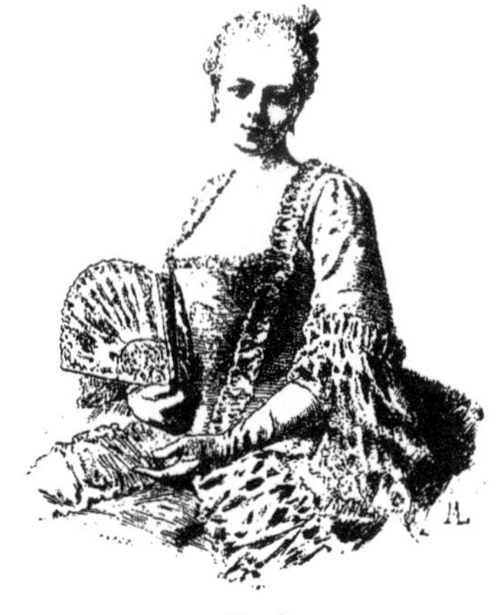

N° 15.

16. Ève présentant la pomme.

17. Portrait de l'abbé Prévost, d'après Schmith.

18. La Mort prépare son œuvre.

19. La Sirène, composition allégorique.

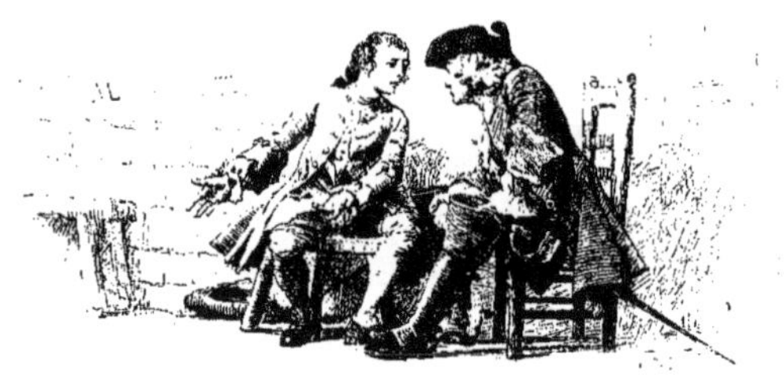

N° 24.

20. La Renommée tire « Manon Lescaut » des « Mémoires d'un homme de qualité ».

21. A l'auberge de Saint-Denis, composition pour une eau-forte supplémentaire.

22. L'abbé Prévost assiste à l'arrivée à Passy du convoi de prisonnières en route pour le Havre-de-Grâce.

23. L'abbé Prévost remarque, parmi ces prisonniers, une fille dont l'air et la figure révélaient une personne de meilleure condition.

24. Des Grieux dépeint sa passion pour Manon à l'abbé Prévost.

25. Je lui donnai quatre louis d'or, sans que les gardes s'en aperçussent.

26. « Ah! Monsieur, s'écria-t-il en me baisant la main, je puis donc encore une fois vous exprimer toute ma reconnaissance! »

27. Des Grieux fait le récit de ses aventures à l'abbé Prévost.

28. Nous vîmes arriver le coche d'Arras. Il en sortit quelques femmes qui se retirèrent aussitôt. Mais il en resta une fort jeune, qui s'arrêta dans la cour.

29. Elle me parut si charmante, que moi, qui n'avais jamais pensé à la différence des sexes, ni regardé une fille avec un peu d'attention...

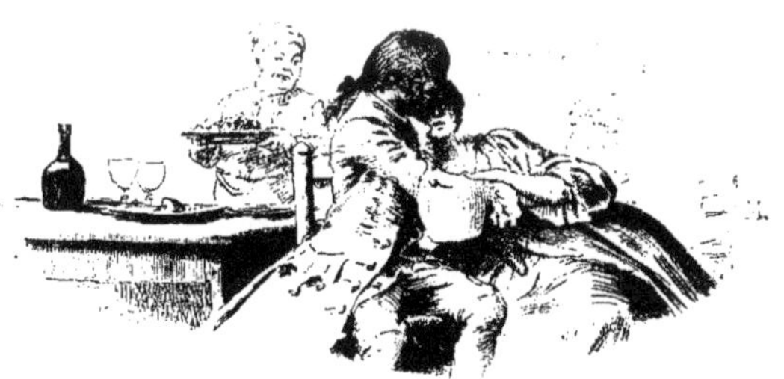

N° 35.

30. Ma belle inconnue savait bien qu'on n'est point trompeur à mon âge...

31. Elle me confessa qu'elle me trouvait aimable, et qu'elle serait ravie de m'avoir obligation de sa liberté.

32. **Je fis transporter ma malle,** et je retins une chaise de poste pour cinq heures du matin.

33. **Tiberge reproche à Des Grieux** de méditer quelque secret dessein...

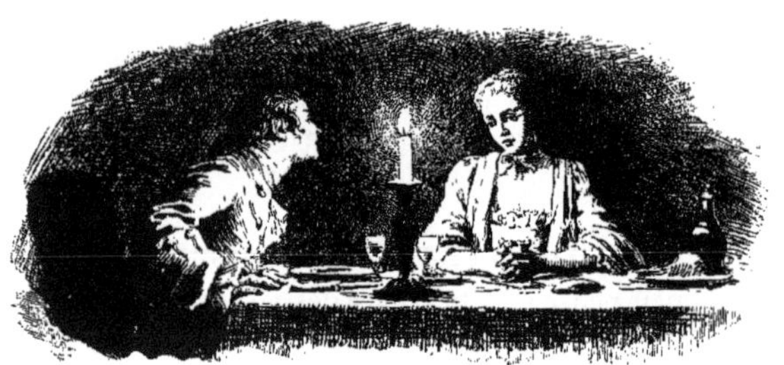

N° 38.

34. **J'avais couru à cheval,** à côté de la chaise : ce qui ne nous avait guère permis de nous entretenir...

35. **Nos projets de mariage** furent oubliés à Saint-Denis, nous fraudâmes les droits de l'Église...

36. **Je m'aperçus peu après** que notre table était mieux servie, et qu'elle s'était donné quelques ajustements de prix.

37. **Nous n'étions servis** que par une petite fille qui était à peu près de notre âge. Étant venue m'ouvrir...

38. **On nous servit à souper.** Je me mis à table d'un air fort gai ; mais, à la lueur de la chandelle, qui était entre elle et moi,...

39. A peine avais-je ouvert, que je me vis saisir par trois hommes que je reconnus pour les laquais de mon père.

40. Mon frère était effectivement à m'attendre. On me mit dans le carrosse auprès de lui, et le cocher nous conduisit grand train jusqu'à Saint-Denis.

41. Arrivé chez mon père, on se mit à table pour souper; on me railla sur ma conquête d'Amiens.

42. Ce qui me causa une peine sensible fut de me voir dans la même hôtellerie où je m'étais arrêté avec Manon.

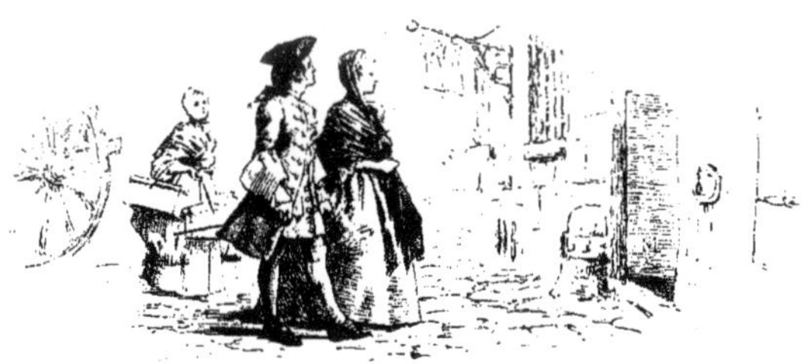

N° 48.

43. Tiberge me parla en conseiller sage plutôt qu'en ami d'école. Il me félicita de ma guérison, qu'il croyait avancée.

44. Tiberge était arrivé à Saint-Denis une heure après mon départ.

45. Manon vint en Sorbonne avec quelques autres dames. Elle fut présente à mon examen, et sans doute qu'elle eut peu de peine à me remettre.

46. Je m'échappai du séminaire quelques instants après, je montai dans son carrosse, et nous passâmes à la friperie...

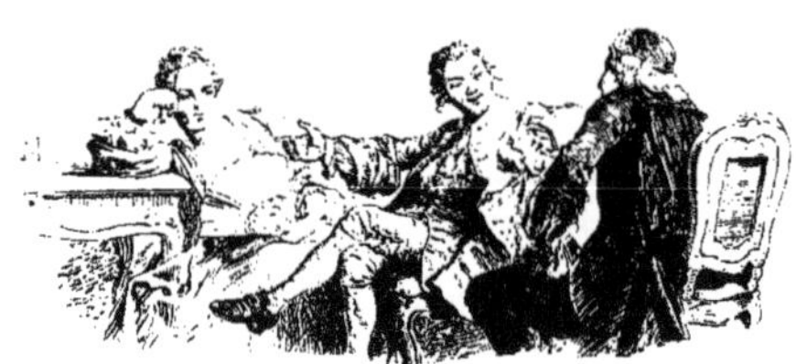

N° 52.

47. Elle arriva dans un carrosse de louage, avec une fille qui la servait et quelques malles. Nous ne tardâmes pas à gagner Chaillot.

48. Nous logeâmes la première nuit à l'auberge pour nous donner le temps de chercher une maison, ou du moins un appartement commode.

49. Lescaut, frère de Manon, fait connaissance avec Des Grieux.

50. Je n'osais déclarer à Tiberge que c'était de sa bourse que j'avais besoin. Il le comprit pourtant à la fin.

51. Elle m'aurait préféré à toute la terre avec une fortune médiocre, mais je ne doutais nullement qu'elle ne m'abandonnât lorsqu'il ne me resterait que de la constance.

52. « Voyez disais-je à Tiberge en lui montrant ma maîtresse, et dites-moi s'il n'y a pas des fautes qui ne soient pas justifiées par une si belle cause. »

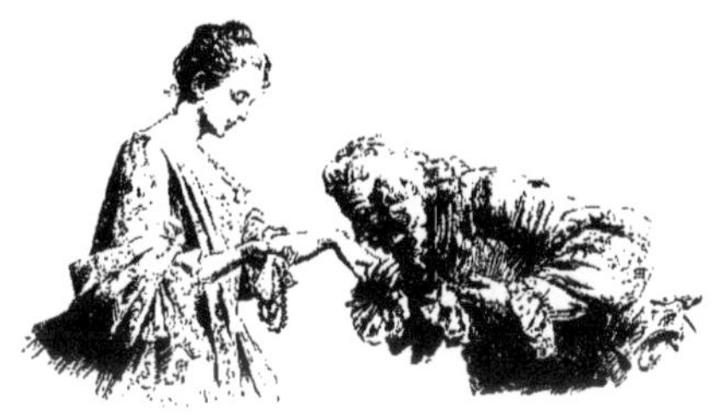

N° 58.

53. « Adieu, ingrat et faible ami. Puissent vos criminels plaisirs s'évanouir comme une ombre! puissent votre fortune et votre argent périr sans ressources!... »

54. Les domestiques de Manon et de Des Grieux dérobent argent et habits en l'absence de leurs maîtres.

55. Manon et Des Grieux constatent avec tristesse l'étendue de leur malheur.

56. J'aperçus une lettre cachetée qui était sur la table. L'adresse était à moi, et l'écriture de la main de Manon.

57. Elle passa seule dans son cabinet. Je la suivis un moment après. Je l'y trouvai tout en pleurs.

58. Il est vrai qu'il m'a baisé plus d'un million de fois les mains (M. de G.-M.) : il est juste qu'il paye ce plaisir.

59. Le premier compliment du vieillard fut d'offrir à sa belle un collier, des bracelets et des pendants de perles.

60. M. de G.-M. m'ordonna de faire la révérence. J'en fis deux ou trois des plus profondes. « Excusez, Monsieur, dit Lescaut, c'est un enfant fort neuf. »

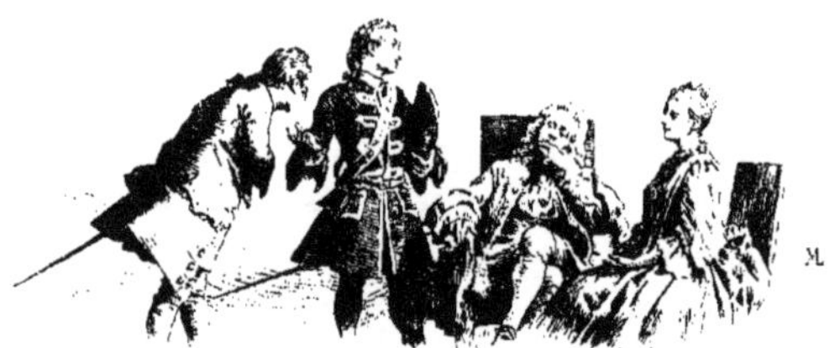

N° 60.

61. Manon, étant sortie sous prétexte d'un besoin, nous vint rejoindre. Le carrosse qui nous attendait s'avança pour nous recevoir.

62. Nous étions encore au lit lorsqu'un exempt de police entra dans notre chambre, avec une demi-douzaine de gardes.

63. Le Supérieur parut à l'instant; il était prévenu sur mon arrivée. Il me salua avec beaucoup de douceur.

64. Il me visitait deux ou trois fois le jour. Il me prenait souvent avec lui pour faire un tour de jardin.

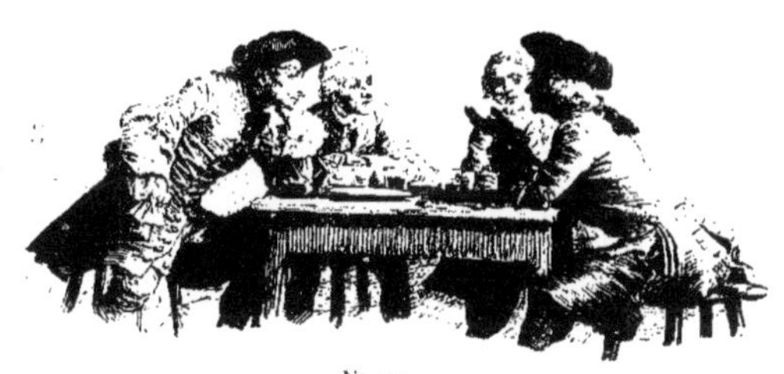

N° 71.

65. Je passais ainsi des jours et des nuits dont la longueur me paraissait éternelle.

66. Je me jetai sur M. de G.-M. avec une si furieuse rage, que j'en perdis la moitié de mes forces.

67. Enfin, il me promit d'aller de ce pas chez le lieutenant général de police, ne fût-ce que pour prévenir quelque chose de pis de la part de M. de G.-M.

68. Le Frère supérieur fit avertir Tiberge du désir que j'avais de l'entretenir. Notre entretien fut plein d'amitié.

69. Cette fin de mon discours rendit sa bonne humeur à Tiberge. Il convint qu'il y avait quelque chose de raisonnable dans mes pensées.

70. « **Voilà de quoi vous êtes cause,** mon Père, dis-je assez fièrement à mon guide. Mais que cela ne vous empêche point d'ouvrir ! »

71. **Nous allâmes passer la nuit** chez un traiteur où je me remis un peu de la mauvaise chère que j'avais faite depuis trois mois.

72. **Nous liâmes conversation** avec un des portiers de l'hôpital, qui nous parut homme de bon sens.

73. **M. de T. se fit montrer** le quartier où Manon avait sa chambre, et l'on nous y conduisit avec une clef d'une grandeur effroyable.

74. « **Aujourd'hui même** », **lui dit-il.** Manon comprit que j'étais à la porte. J'entrai lorsqu'elle y accourait avec précipitation.

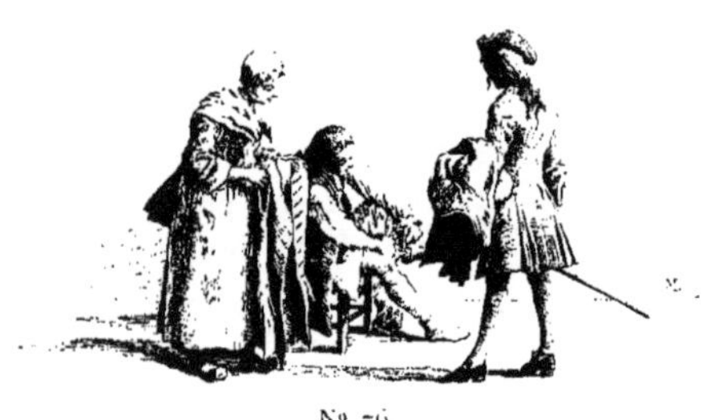

N° 76.

75. **Manon surtout** ne pouvait se résoudre à me laisser partir. Elle me fit remettre cent fois sur ma chaise.

76. **Nous retournâmes** le lendemain matin à l'hôpital. J'avais avec moi, pour Manon, du linge, des bas, etc. J'avais malheureusement oublié la culotte, je laissai la mienne à Manon.

77. **Le cocher me répondit** qu'il craignait que je ne m'engageasse dans une mauvaise affaire, qu'il voyait bien que ce beau jeune homme était une fille que j'enlevais de l'hôpital.

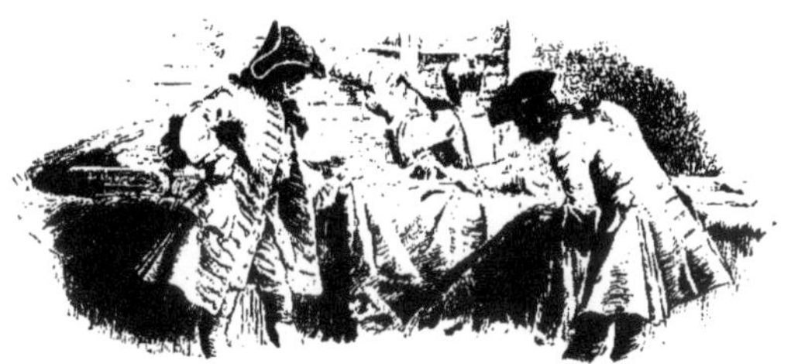

N° 86.

78. **A peine avions-nous marché** cinq ou six minutes, qu'un homme dont je ne découvris point le visage reconnut Lescaut. « C'est Lescaut », dit-il, en lui lâchant un coup de pistolet.

79. **La frayeur et la fatigue** avaient tellement incommodé Manon, qu'elle était à demi pamée près de moi.

80. **Elle me parut pâle** et maigrie, en soupant. Je ne m'en étais point aperçu à l'hôpital parce que la chambre n'était pas claire.

81. Je m'assis sur l'herbe au Cours-la-Reine. J'entrai dans une mer de raisonnements et de réflexions.

82. « Tiberge, disais-je, le bon Tiberge me refusera-t-il ce qu'il aura le pouvoir de me donner? Non, il sera touché de ma misère... »

83. Mais je me trompais en me croyant tout à fait quitte de ses reproches, car, lorsqu'il eut achevé de me compter son argent, il me pria de faire avec lui un tour d'allée.

84. J'écoutai son discours jusqu'à la fin. Il y avait là bien des choses satisfaisantes. Je fus ravie de n'avoir rien à craindre du côté de Saint-Lazare.

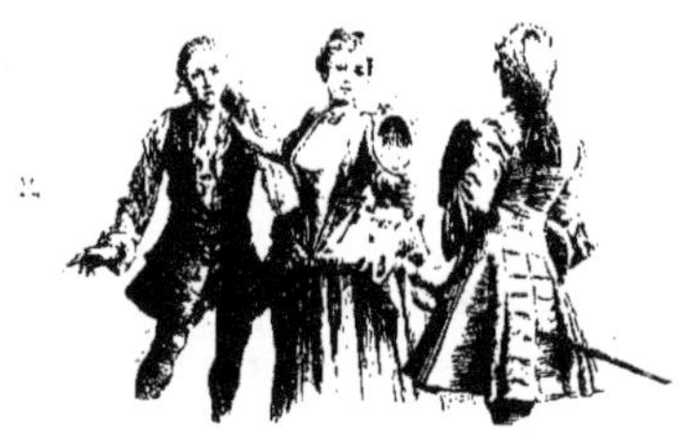

N° 91.

85. Je promis à Tiberge de faire partir, le jour même, une lettre pour mon père. J'entrai effectivement dans un bureau d'écriture en le quittant.

86. M. de T. me mena chez les marchands qui fournissaient sa maison : il me fit choisir plusieurs étoffes d'un prix considérable.

87. **Manon trouva des ressources** contre l'ennui. Elle se lia, dans le voisinage, avec quelques jeunes personnes que le printemps y avait ramenées.

88. **Manon n'attendit point ma réponse** pour m'accabler de caresses.

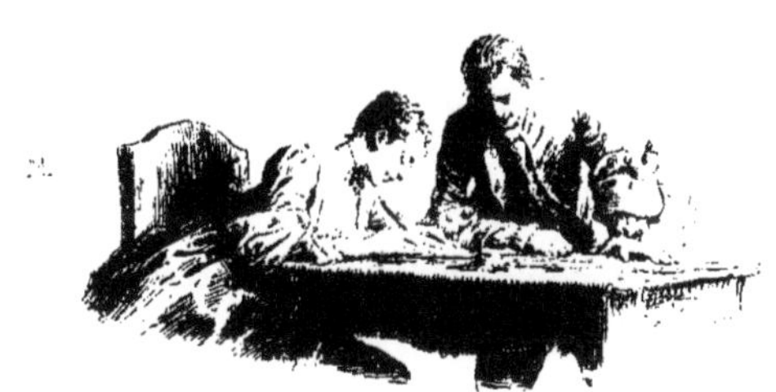

N° 100.

89. **A mon réveil,** Manon me déclara que, pour passer le jour dans notre appartement, elle voulait que mes cheveux fussent accommodés de ses propres mains.

90. « **Cher amour!** toi que j'adore, reprit-elle d'un ton enchanteur, je te demande un moment de complaisance. Je t'en aimerai mille fois plus. »

91. **Je vis un homme fort bien mis,** mais d'assez mauvaise mine. Manon lui présenta son miroir : « Voyez, Monsieur, lui dit-elle : regardez-vous bien, et rendez-moi justice. »

92. **Manon quitta mes cheveux,** se jeta dans un fauteuil, et fit retentir la chambre de longs éclats de rire.

93. Le fils de M. G.-M. entra d'un air qui nous prévint en sa faveur; nous nous assîmes. Il admira Manon, et il mangea d'un appétit qui fit honneur à notre souper.

94. Nous fûmes occupés, pendant quelques jours, du soin de faire ajuster ses habits.

95. « Je suis, me dit M. de T., dans le dernier embarras depuis que je ne vous ai vu, et la visite que je vous fais aujourd'hui en est une suite : G.-M. aime votre maîtresse. »

96. Un avis si pressant me fit regarder cette affaire d'un œil plus sérieux.

97. Manon me remercia de la bonne opinion que j'avais d'elle, et elle me promit de recevoir les offres de G.-M. d'une manière qui lui ôterait l'envie de les renouveler.

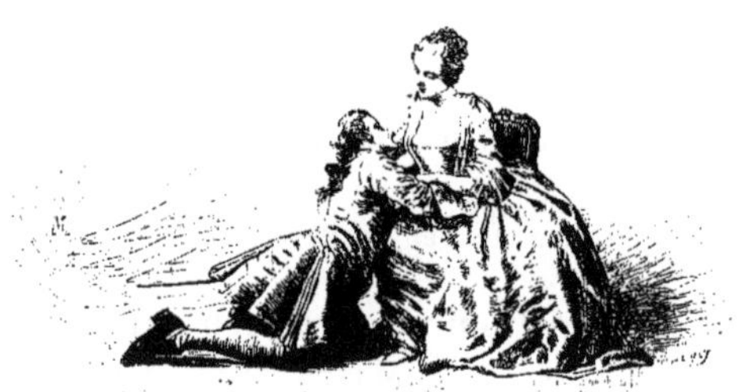

N° 110.

98. Aussitôt qu'il fut monté en carrosse avec M. de T..., Manon accourut à moi les bras ouverts, et m'embrassa en éclatant de rire.

99. **Nous ouvrîmes la lettre ensemble.** Outre les lieux communs de tendresse, il s'engageait à lui compter dix mille francs en prenant possession de l'hôtel.

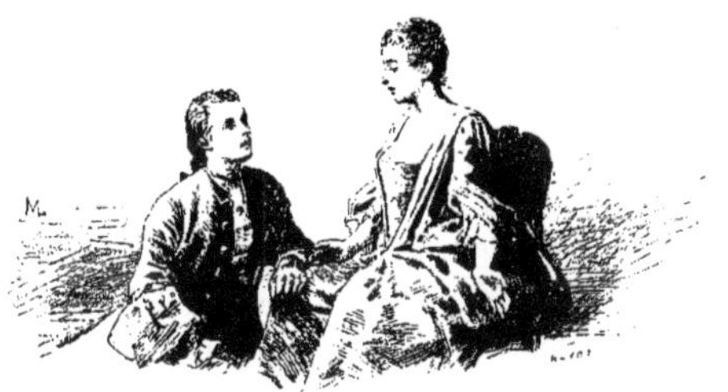

N° 115.

100. **Manon fit une courte réponse** à G.-M. pour l'assurer qu'elle ne trouverait pas de difficulté à se rendre à Paris le jour marqué.

101. **Manon partit avec notre valet.** Je la vis partir avec douleur. Je lui dis, en l'embrassant : « Manon, ne me trompez-vous point? Me serez-vous fidèle? »

102. **Je me figurai aussitôt** que c'était Manon. J'approchai. Mais je vis un joli visage qui n'était pas le sien.

103. **Je jetai les yeux sur la fille** qui était devant moi. Elle était extrêment jolie, et j'aurais souhaité qu'elle l'eût été assez pour me rendre parjure à mon tour.

104. « Va, lui dis-je, rapporte au traître G.-M. et à sa perfide maîtresse le désespoir où ta maudite lettre m'a jeté. »

105. Cette pauvre enfant, qui n'avait pas seize ou dix-sept ans, et qui paraissait avoir plus de pudeur que ses pareilles, s'approcha néanmoins pour me faire quelques caresses.

106. Pour moi, qui n'ai que de l'amour et de la constance à offrir, les femmes méprisent ma misère et font leur jouet de ma simplicité.

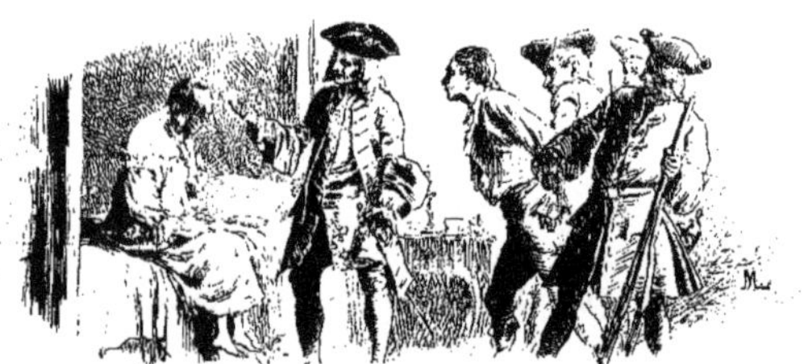

N° 118.

107. Je montai dans mon fiacre, et je me fis conduire grand train chez M. de T. Je fus assez heureux pour l'y trouver.

108. Manon était occupée à lire. Ce fut là que j'eus lieu d'admirer le caractère de cette étrange fille. « Ah! c'est vous, mon amour! » me dit-elle.

109. Manon ne répondit rien; mais, lorsque je fus assis, elle se laissa tomber à genoux, et elle appuya sa tête sur les miens, en cachant son visage de mes mains.

110. Je la fis asseoir, et, m'étant mis à genoux à mon tour, je la conjurai de m'écouter en cet état.

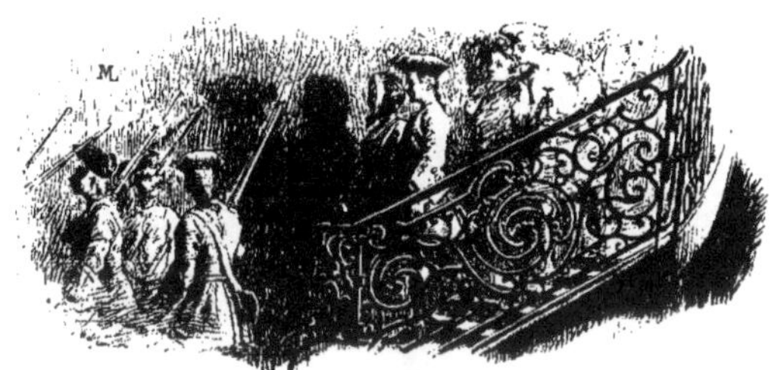

N° 120.

111. Elle fut quelque temps à méditer sa réponse. « Mon chevalier », me dit-elle en reprenant un air tranquille.....

112. Enfin, M. de G.-M. lui avait fait voir le carrosse, les chevaux et tout le reste de ses présents; après quoi il lui avait proposé une partie de jeu, pour attendre le dîner.

113. Il a appelé son laquais, et, lui ayant demandé s'il pourrait retrouver sur-le-champ son ancienne maîtresse, il l'a envoyé de côté et d'autre pour la chercher.

114. « Voilà, ajouta Manon, de quelle manière les choses se sont passées. Je ne vous déguise rien. La jeune fille est venue, je l'ai trouvée jolie. »

115. « Et la nuit, avec qui l'auriez-vous passée ? » Cette question, que je lui fis tristement, l'embarrassa. Elle ne me répondit que par des mais et des si interrompus.

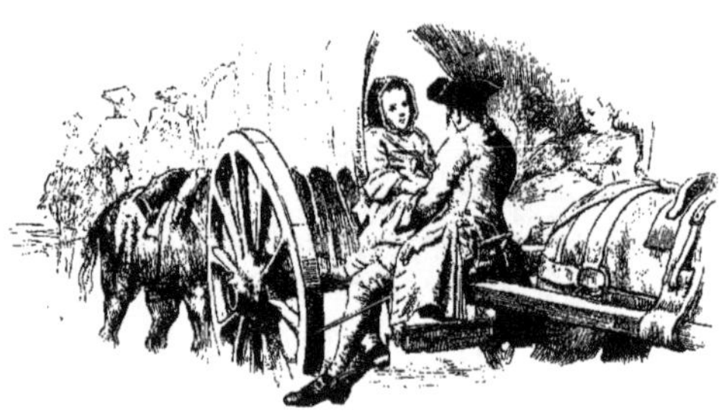

N° 129.

116. Le garde-du-corps aborda M. de G.-M. le pistolet au poing, et lui expliqua civilement qu'il n'en voulait ni à sa vie ni à son argent.

117. Nous étions prêts à nous mettre au lit; il ouvre la porte, et il nous glace le sang par sa vue. « O Dieux! c'est le vieux G.-M. », dis-je à Manon. Je saute sur mon épée.

118. Il s'approcha de Manon, qui était assise sur le lit en pleurant; il lui dit quelques galanteries ironiques sur l'empire qu'elle avait sur le père et sur le fils.

119. Il fit voir de près à Manon le collier de perles et les bracelets : « Les reconnaissez-vous ? » lui dit-il avec un souris moqueur.

120. Les archers nous prièrent de ne pas les faire attendre plus longtemps. Je tendis la main à Manon pour descendre. « Venez, ma chère reine », lui dis-je...

121. Nous partîmes dans le même carrosse. Elle se mit dans mes bras, se trouvant seule alors avec moi ; elle me dit mille tendresses.

122. J'embrassai ma chère maîtresse avant de la quitter. Je la conjurai de ne pas s'affliger excessivement, et de ne rien craindre tant que je serais au monde.

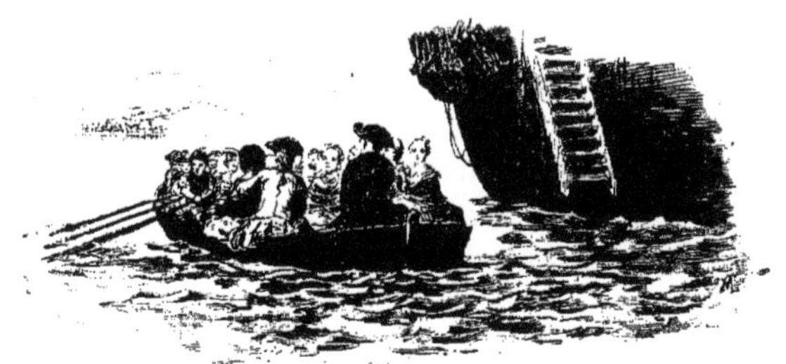

N° 133.

123. Mon père m'ordonna de faire des excuses à M. de G.-M. et de le remercier de s'être employé avec lui pour mon élargissement.

124. **Je marchai dans les rues,** comme un furieux, jusqu'à la maison de M. de T., en levant les yeux et les mains pour invoquer toutes les puissances célestes.

125. **Nous tînmes conseil** sur la manière dont nous ferions notre attaque. Les archers n'étaient guère plus de quatre cents pas devant nous

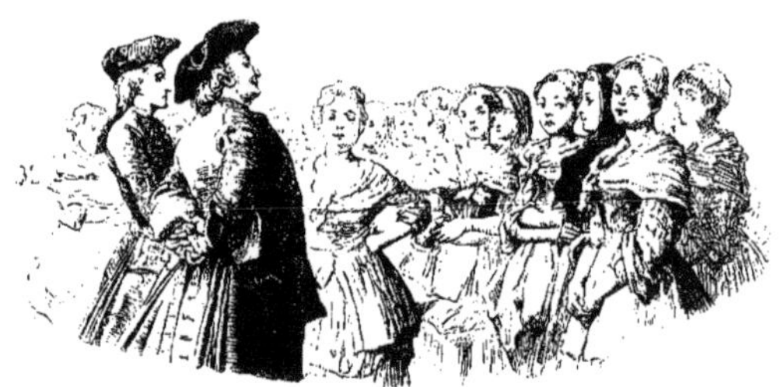

N° 134.

126. Cette vue, qui ne fit que nous animer, le garde-du-corps et moi, ôta tout d'un coup le courage à nos trois lâches compagnons.

127. « **Rassurez-vous,** Messieurs, leur dis-je en les abordant : je ne vous apporte point la guerre, je viens vous demander des grâces. »

128. **Elle me reconnut,** et je remarquai que, dans le premier mouvement, elle tenta de se précipiter hors de la voiture pour venir à moi.

129. **Elle me remercia** de ne l'avoir pas oubliée et de la satisfaction que je lui accordais, dit-elle en soupirant, de me voir du moins encore une fois et de me dire le dernier adieu.

130. Si quelque chose me causait de l'inquiétude, c'était la crainte de voir Manon exposée aux besoins de l'indigence.

131. Les archers devinrent si intraitables, lorsqu'ils eurent découvert la violence de ma passion, qu'ils redoublèrent le prix de leurs moindres faveurs.

132. Nous mîmes à la voile. Le temps ne cessa point de nous être favorable. J'obtins du capitaine un lieu à part pour Manon et pour moi.

133. Après une navigation de deux mois, nous abordâmes enfin au rivage désiré. Le pays ne nous offrit rien d'agréable à première vue.

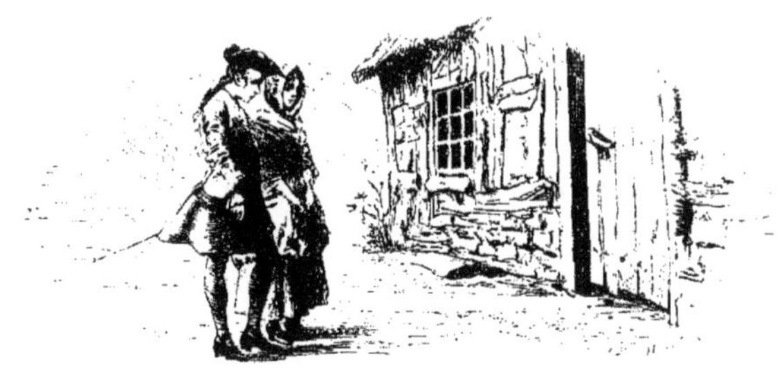

N° 135.

134. Le Gouverneur s'entretint longtemps en secret avec le capitaine, et, revenant ensuite à nous, il considéra toutes les filles qui étaient arrivées par le vaisseau.

135. Le soir, il nous fit conduire au logement qu'on nous avait préparé. Nous trouvâmes une misérable cabane, composée de planches et de boue.

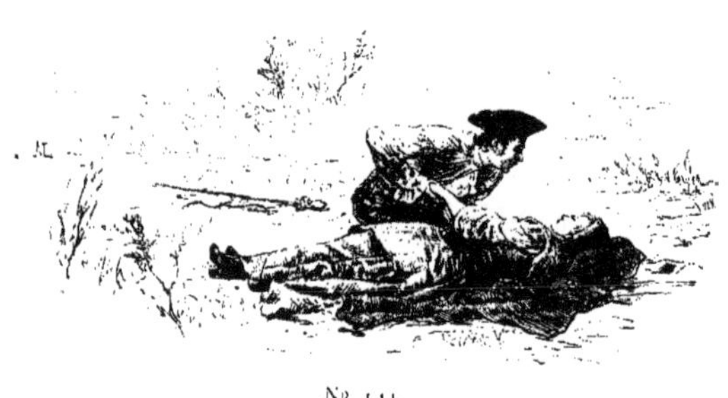

N° 141.

136. « Je vous ai causé des chagrins que vous n'avez pu me pardonner sans une bonté extrême. J'ai été légère et volage... »

137. Nous fûmes en peu de temps si considérés, que nous passions pour les premières personnes de la ville après le Gouverneur.

138. Malgré la joie que donne la victoire après un combat mortel, il n'y avait pour moi ni grâce ni délai de supplice à espérer.

139. « Fuyons ensemble, me dit-elle; ne perdons pas un instant. Le corps de Synnelet peut avoir été trouvé par hasard, et nous n'aurions pas le temps de nous éloigner. »

140. **Accablée de lassitude,** Manon me confessa qu'elle ne pouvait avancer davantage. Nous nous assîmes au milieu d'une vaste plaine. Son premier soin fut de changer le linge de ma blessure.

141. **Je la perdis;** je reçus d'elle des marques d'amour au moment même qu'elle expirait : c'est tout ce que j'ai la force de vous apprendre de ce fatal et déplorable événement.

142. **Je rompis mon épée,** pour m'en servir à creuser; mais j'en tirai moins de secours que de mes mains. J'ouvris une large fosse, j'y plaçai l'idole de mon cœur...

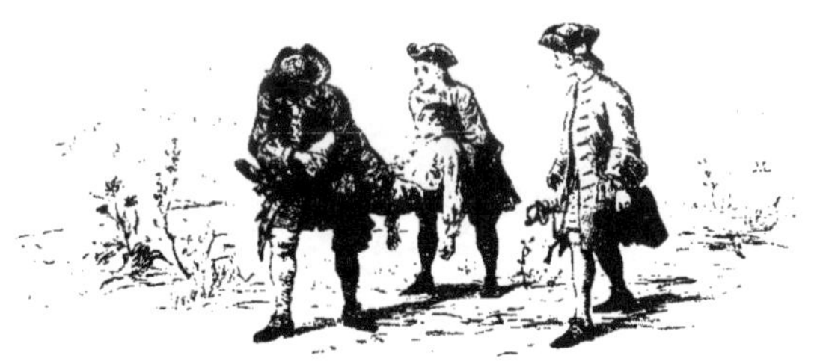

N° 144.

143. **J'ensevelis pour toujours** dans le sein de la terre ce qu'elle avait porté de plus parfait et de plus aimable. Je me couchai ensuite sur la fosse, le visage tourné vers le sable.

144. **On me trouva,** sans apparence de vie, sur la fosse de Manon; et ceux qui me découvrirent en cet état me portèrent à la ville.

145. **Je vis arriver un vaisseau** que des affaires de commerce amenaient au Nouvel-Orléans. Attentif au débarquement, je fus surpris en reconnaissant Tiberge...

146. **Nous avons passé deux mois** ensemble au Nouvel-Orléans, pour attendre l'arrivée des vaisseaux de France; et, nous étant enfin mis en mer, nous prîmes terre, il y a quinze jours, au Havre-de-Grâce.

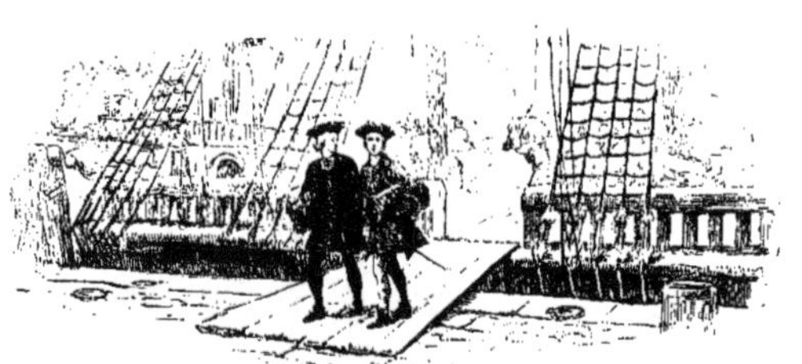

N° 146.

Paris. — Typ. Georges Chamerot. — 26751.

www.ingramcontent.com/pod-product-compliance
Ingram Content Group UK Ltd.
Pitfield, Milton Keynes, MK11 3LW, UK
UKHW020516180726
13839UKWH00005B/2131